AF243414

VIE

DE

M. L'ABBÉ DE MARGON

ANCIEN PROFESSEUR DE PHILOSOPHIE

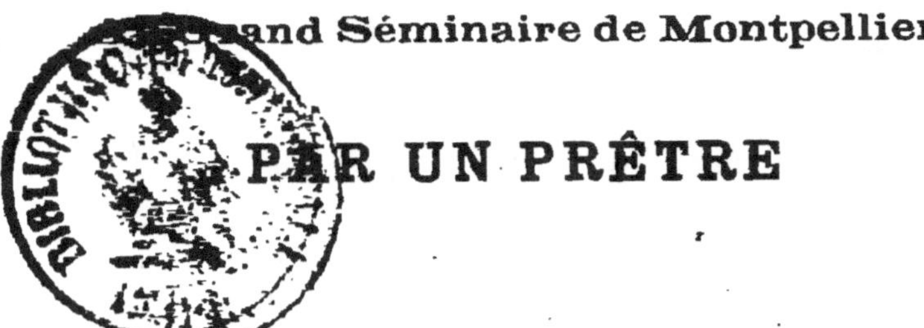

au Grand Séminaire de Montpellier

PAR UN PRÊTRE

LODÈVE

CHEZ BAUDOUY, LIBRAIRE, GRANDE RUE

—

1868

VIE

DE

M. L'ABBÉ DE MARGON.

VIE

DE

M. L'ABBÉ DE MARGON

ANCIEN PROFESSEUR DE PHILOSOPHIE

Au Grand Séminaire de Montpellier

PAR UN PRÊTRE

LODÈVE

IMPRIMERIE GRILLIÈRES, GRANDE RUE

—

1868

AVANT-PROPOS

Nous venons essayer le récit d'une sainte vie, de la vie de M. l'abbé comte LEMOINE, baron DE MARGON, né à Lodève au commencement de ce siècle, en 1802, et décédé en février 1866, dans le château de ses pères, à Margon, arrondissement de Béziers, département de l'Hérault.

Si nous ne reculons pas devant une entreprise supérieure à nos moyens, c'est que les faits dont la carrière du saint prêtre est toute remplie parleront pour nous et diront mieux que toute éloquence humaine elle-même ce que peut une âme éprise des exemples qui nous sont éternellement offerts sur la montagne sainte, où l'Homme-Dieu consomma son sacrifice d'abnégation et d'amour.

Nous sommes heureux d'ailleurs de présenter cette vie du juste aux regards et aux méditations des chrétiens à l'heure où l'esprit des ténèbres grossit de plus en plus ses rangs contre le Seigneur et son Christ, et semble menacer la foi chrétienne d'une ruine éternelle.

Sans doute nous ne sommes pas de ceux qui tremblent pour l'avenir d'un édifice à jamais assis sur la divine promesse. Bien rassurés, au contraire, sur la solidité de ses bases, établies jusqu'à la fin des temps, nous croyons que la guerre des passions et de la raison humaine contre le Ciel, aujourd'hui, ne saurait être plus heureuse dans ses conséquences que la vieille lutte des insensés qui tentèrent jadis d'escalader l'Olympe pour en chasser les dieux et régner à leur place.

Il est toutefois certain que nous traversons des jours d'épreuve et que le monde a plus que jamais besoin d'exemples qui l'appellent au bien et le fortifient dans les sentiers que la foi nous propose.

Voilà pourquoi, sans égard pour notre faiblesse, mais confiant dans un sujet qui parle de lui-même, nous invitons le lecteur à nous suivre sur les traces d'un véritable imitateur de Jésus-Christ, afin de s'édifier dans la méditation des vertus dont l'abbé Michel-Jules-Gaston-Marie DE MARGON nous a donné l'exemple.

Il résulte de ses démarches dans la vie, qu'il fut un autre Christ. Voilà tout ce que nous avons à montrer et le plus beau panégyrique que nous puissions faire sur sa tombe.

VIE

DE

M. L'ABBÉ DE MARGON.

La famille de Margon est, sans contredit, une des anciennes et nobles familles de France ; elle compte des illustrations dans la magistrature, dans l'armée et dans l'église. Mais, puisque nous avons à vous parler d'un saint, nous ne parlerons ici que de la sainteté dont cette noble maison est héréditaire, certains d'ailleurs que sa modestie nous dispense du reste aujourd'hui.

Disons donc seulement que, dès le XIe siècle, un des ancêtres de la famille de Margon, le cardinal Lemoine, se rendait remarquable par une sainte vie, dont Craconius fait l'éloge dans son *Histoire des Papes*.

Un frère du Cardinal, étant devenu évêque de Noyon, illustrait doublement son siége épiscopal par ses talents et par ses vertus.

Trois frères de ses derniers, fuyant la pourpre romaine, se firent religieux (*monachi*) à Palerme, où ils vécurent si saintement, que s'ils purent se soustraire aux honneurs même de leur ordre, ils n'échappèrent point à une grande réputation de sainteté, surtout après leur mort, car on assure que leurs tombeaux furent favorisés de plusieurs miracles.

Un trisaïeul de l'abbé de Margon, un conseiller d'État et gouverneur du Languedoc, après avoir passé sa vie dans la pratique d'une piété chrétienne la plus exemplaire, ne voulut point, par humilité, être enseveli dans le caveau de sa famille, qui occupait une place réservée dans le saint lieu.

Cette place lui parut encore une vanité de ce monde, et il voulut expressément être enterré à l'entrée de l'Église, sous les pieds des passants, qui fouleraient une vaine poussière.

Du côté maternel, nous trouvons M. de Vinas, un oncle de Mme de Margon (demoiselle de Vinas), la mère du saint abbé qui nous occupe.... Cet oncle était colonel dans l'armée de Condé. Aussi pieux, aussi bon chrétien qu'il était brave dans les camps, toute l'armée ne le nommait plus que le *saint colonel*.

Plus près de nous, c'est un père, lui aussi, éminemment chrétien, et c'est une mère éminemment sainte, si sainte, que ceux qui l'avaient connue pendant sa vie recherchaient, avec le plus vif empressement, à sa mort, une relique, un souvenir de la pieuse comtesse, certains qu'elle était déjà puissante au Ciel, pour prix de ses vertus et de tout le bien qu'elle avait fait en passant sur la terre.

C'est par une telle mère, par une sainte, et à l'ombre, en quelque sorte, de tels aïeux, que fut élevé le jeune Gaston, l'aîné de la famille.

Les instructions maternelles furent d'autant plus efficaces, qu'elles étaient soutenues et fortifiées par l'exemple.

Aussi le jeune élève montra-t-il de bonne heure un goût tout particulier pour la piété et pour les pratiques religieuses.

A peine fut-il en état de s'agiter, de courir, qu'il se plaisait à ériger de petits autels, à faire de petites chapelles, à l'instar de l'autel et de la chapelle du château.

Il aimait déjà tout particulièrement le lieu saint, et on raconte qu'il témoignait une joie extrême lorsqu'on voulait bien l'emmener en famille, ou le le faire accompagner à l'église du village où, du reste, malgré son âge tendre, il édifiait les assistants par une tenue toute respectueuse.

Dès qu'il sut lire, ayant parcouru, dit-on, quelques pages de la *Vie des Saints* dans le livre que Mme de Margon avait coutume de lire chaque soir à la famille réunie autour d'elle, à l'heure de la prière, l'enfant s'attacha tellement à ce saint livre, qu'il ne s'en séparait plus.

Les exemples d'une mère, la lecture des merveilles d'amour et de sacrifice opérées par les hommes de Dieu, puis un bon naturel, un cœur sensible, avec une imagination ardente; tel est, on peut le croire, le principe d'une sainteté qui semble, comme nous le verrons bientôt, avoir atteint les degrés les plus extrêmes auxquels puissent conduire l'amour de la sainte folie de la Croix. Il en est ainsi, le monde d'ailleurs est plein d'exemples de l'influence qu'exercent sur les destinées de l'homme les premières impressions de l'enfance.

Malheur donc, dirons-nous ici, malheur aux enfants dont les dispositions souvent les plus heureuses, mal secondées par les circonstances, échouent contre l'écueil d'un mauvais livre ou d'un mauvais exemple, au sein du foyer domestique !

Quoi qu'il en soit, le jeune de Margon, parfaitement secondé dans ses dispositions à la piété, croissait dans cette voie en grandissant en âge, semblable à l'Enfant divin dont il est écrit, qu'il grandissait en âge et en sagesse à l'ombre du pieux foyer de Nazareth.

Mais à l'aspect de la piété naïve et tendre du jeune de Margon, que pensez-vous déjà de l'avenir de cet enfant? *Quid putas puer iste erit?*

Issus de cette race de croyants qui ne s'éteindra jamais, en dépit des plus profondes défaillances dont le monde puisse offrir le triste et douloureux spectacle, enfants, disons-nous, de cette race qui a pour devise : *Deus providebit*, Dieu y pourvoira, et qui s'en remet aux soins particuliers de la Providence, M. et Mme de Margon confièrent l'éducation de leur fils à l'Université.

Sans doute, on a trouvé, depuis longtemps déjà, beaucoup à dire, et l'on a même dit beaucoup contre l'enseignement universitaire ; l'esprit religieux, disait-on, ne présidait pas assez à l'éducation de l'enfance et de la jeunesse.

Parce que le progrès réclame une instruction forte et étendue, on croyait devoir mettre de côté le plus possible le bagage religieux, qui retardait la marche de l'intelligence et de l'esprit ; et, sous prétexte de faire des savants, on préparait, disaient les antagonistes, une génération capable de secouer tout joug et de ruiner les bases sociales sans retour.

Une grande époque d'ailleurs, une époque d'éternelle mémoire, venait de donner des leçons, dont on ne profitait peut-être pas assez, pour la sécurité et le bonheur du monde.

On venait de voir, en effet, ce que peut la raison humaine quand elle se croit seule digne d'avoir des autels, des prêtres et des sacrifices.

Quoi qu'il en soit, le jeune de Margon venait de partir pour le collége de Lodève, où il serait

livré à tous les risques et périls que peut courir
une âme, la plus pure et la plus naïve, au milieu
d'une foule d'enfants et de jeunes gens plus ou
moins volages.

Mais, courage ! une mère prie et la Providence
veille, et l'enfant d'ailleurs est déjà trempé dans
les sentiments de la piété chrétienne plus fortement
qu'on ne l'est d'ordinaire à son âge.

Il est à l'œuvre de son éducation libérale ; mais
il n'oublie, ni sa *Vie des saints*, ni les exemples
du foyer domestique, et il se tient aussi à l'œuvre
de sa perfection morale et religieuse.

Qui sait si cette double préoccupation de l'étude
et de la piété ne va pas être nuisible à ses aptitudes
et desservir sa meilleure volonté ?

Non, certes, car il progresse admirablement dans
l'une et dans l'autre voie ; si bien qu'en étant
le plus pieux de ses condisciples, il est en même
temps le premier de tous dans l'ordre du travail
intellectuel.

Mais, tandis qu'il est constamment à la tête de
sa classe, il se tient comme le plus humble et le
dernier de tous, et bientôt on dit de lui ce qui

est écrit du divin Maître, qu'il est doux et humble de cœur.

On raconte qu'il n'a jamais manqué aux règles de l'établissement ; qu'il n'eut jamais de querelle avec ses condisciples, et qu'il n'encourut jamais la plus légère punition.

Ce n'est pas que le jeune de Margon fût un être insensible et passif ; bien loin de là, il avait, au contraire, un caractère excessivement actif et sensible, avec une imagination des plus ardentes ; mais, comme il savait déjà par cœur sa *Vie des Saints* du château de Margon et surtout la vie de Saint François de Sales, qui avait réduit en servitude le tempérament le plus vif, le plus bouillant qu'homme du monde puisse avoir, il s'exerçait déjà lui-même à devenir son maître, à l'aide d'une volonté forte et généreuse qui ne lui a jamais fait défaut et qui devait faire de lui un homme capable de tous les sacrifices.

Après avoir terminé ses études en province avec un véritable succès classique et des progrès constants dans la vertu, couronné de gloire et d'estime, à l'âge de 15 ans environ, il alla remporter le prix de philosophie au collége de Louis le Grand, au concours qui a lieu chaque année entre les colléges de l'Université. Malgré ses succès, sa modestie était telle qu'il ne pouvait entendre parler de lui sans souffrir des louanges qui revenaient si bien à ses mérites, car il était déjà un saint et un savant, à l'âge où d'ordinaire nous connaissons à peine les sentiers à suivre pour arriver à la science et à la la sainteté. Il n'avait pas 17 ans encore.

Et maintenant, pour entrer dans la route qu'il avait à suivre dans la vie, le jeune Gaston, le jeune philosophe, attendait la volonté de son père, dans laquelle il verrait la volonté du Ciel sur lui; il accueillit donc, avec une soumission parfaite, l'expression de cette volonté, lorsque son père lui proposa d'entrer à l'école navale établie en ce temps-là à Angoulême.

Ce n'est point qu'il n'entendit dans son cœur une voix qui l'appelait au sanctuaire, au ministère des autels, mais, indépendamment qu'il aurait pu craindre de contrarier son père, parce qu'étant l'aîné de la famille, il semblait naturellement appelé à une autre destinée, il s'en remettait volontiers à la Providence qui saurait le conduire à ses fins.

Et il fit bien; car, non-seulement il ne contraria point, en effet, la volonté paternelle; mais encore il put parfaitement comprendre les vues de la Providence sur lui, lorsque, présenté à l'école d'Angoulême, il ne put y être admis, parce qu'il avait dépassé l'âge prescrit par les règlements alors en vigueur, et parce que d'ailleurs, pour faire exception à la règle, il était d'un tempérament trop chétif et d'une taille trop peu avantageuse.

Nul ne s'aperçut si le jeune de Margon était content ou contrarié de ce refus. Mais il reconnut qu'il pouvait et devait même alors faire part de ses vœux à son père, touchant la vocation qu'il sentait en lui pour l'état ecclésiastique.

Cette nouvelle, du reste, ne surprit nullement M. de Margon, qui avait déjà reconnu sans peine la vocation de son fils, à la profonde piété qui le caractérisait, mais qui n'avait pas voulu être le premier à lui en parler, sachant tout ce qu'a de redoutable le saint ministère des autels; et lui aussi, d'ailleurs, savait compter sur la Providence, sachant bien que si les hommes proposent, c'est Dieu seul qui dispose.

Qu'il nous soit permis de dire quelques mots sur les vocations en général.

Il est certain que chacun de nous a sa destinée en venant au monde et des aptitudes en rapport avec cette destinée. C'est l'ordre de la Providence, parce que c'est la justice éternelle qui le veut ainsi.

Les pères et mères et les instituteurs de l'enfance ne se tromperaient guère à l'ordre providentiel des choses, s'ils considéraient attentivement les démarches de l'enfance et de la jeunesse.

N'est-il pas vrai que si vous voyez un enfant aimer tout ce qui se réfère au métier des armes, vous direz : Voilà un soldat?

N'est-il pas vrai que si vous en voyez un autre aimer les grandes scènes de l'Océan, se plaire dans la contemplation des flots tumultueux, rêver d'affronter leur colère, vous direz : Voilà un marin?

Et n'est-il pas vrai aussi qu'en voyant un enfant rechercher les choses qui ont trait à la religion et à son culte, aimer ces choses et les cultiver avec une piété tendre et sincère, vous direz encore : Voilà un prêtre?

Et bien pourquoi ne pas sonder les goûts et les aspirations du jeune âge, comme si Dieu n'avait pris soin de révéler ses desseins sur nous, qu'afin de les voir contrariés par des calculs et des combinaisons qui déclassent la plupart des aptitudes et des existences ?

Voici ce que dit à ce sujet un orateur célèbre : « C'est à qui de nos jours ne demeurera plus à sa place (à la place marquée par la Providence) : l'homme des champs a les regards tournés vers les grandes villes ; l'ouvrier des grandes villes cherche dans des horizons agrandis les perspectives des carrières libérales ; ceux mêmes qui les ont héritées de leurs pères ne sont pas encore satisfaits, ils cherchent la route qui conduit à de plus hautes sphères ; l'homme que la Providence destinait à tenir la charrue, à féconder la terre, à nourrir l'humanité du travail de ses mains, aspire à tenir la plume, à cultiver la pensée et à jeter sur son nom un reflet de gloire littéraire. »

Nul ne se demande ce à quoi il peut être appelé

pour vivre conformément à une vocation qui lui donne la paix et le bonheur.

De là des déceptions qui ne permettent plus d'ouïr qu'un cri d'angoisse au sein de la société, et qui semblent promettre je ne sais quelle impuissance d'aller plus loin avec les éléments d'un mécompte universel.

La Providence est vengée du mépris que les hommes font de ses voies.

Quoi qu'il en soit d'un état de choses qui ne manque pas de gravité, le jeune de Margon, parfaitement accueilli par sa famille, dans ses desseins d'embrasser la prêtrise, partit pour la congrégation de Saint-Sulpice, à Paris, pour y étudier en théologie, tandis que son frère cadet partait pour Angoulême, afin d'embrasser à sa place une carrière qui était assez bien selon ses goûts, la carrière maritime.

Cette maison de St-Sulpice, où le jeune lévite vient d'entrer, mérite souvenir.

Sur la fin du règne de Louis XIII, un simple prêtre institua cette congrégation, qui a rendu, pendant près de deux siècles, les plus importants services à l'Église, et dont le primitif esprit ne s'est point démenti un seul instant, en dépit des révolutions qui ont pu frapper la pierre de l'édifice, mais qui n'atteignirent jamais la pierre angulaire de sa foi.

C'est ainsi que, depuis son origine jusqu'à nous, elle fut toujours comme le sanctuaire de toutes les vertus ecclésiastiques, de la modestie, de la piété aussi bien que de la plus pure doctrine. Unissant à l'humilité et à l'abnégation les plus profondes une science pleine de réserve et de sagesse, on la vit constamment fuir avec soin toute espèce d'éclat, faire le bien sans ostentation, sans aucune vue d'intérêt ni de gloire humaine.

On dirait, au contraire, que l'oubli des hommes est, à ses yeux, la plus douce récompense d'un zèle et d'un dévouement qu'on ne peut s'empêcher d'admirer, d'autant qu'ils sont plus modestes et plus désintéressés.

On sait, du reste, que la France doit à Saint-Sulpice un nombre considérable de saints évêques et de saints prêtres, et que Fénélon lui-même a été élevé dans cette illustre congrégation.

Il est vrai qu'à une époque néfaste de notre histoire, Saint-Sulpice, comme tout ce qui était grand
et sacré, dut tomber sous les coups de la tempête
révolutionnaire ; mais il sortit bientôt de ses ruines,
et il avait déjà recouvré toute sa gloire, lorsque
M. de Margon arrivait dans cet asile des vertus
chrétiennes et sacerdotales.

C'est là que notre jeune lévite est véritablement
à sa place, lui qui voulait vivre comme a vécu
le Christ, comme vivent les saints, dans l'humilité
et l'abnégation chrétiennes.

On ne l'avait encore, en effet, malgré ses succès
divers, jamais vu s'enorgueillir de ses triomphes,
mais toujours les rapporter à Dieu et vivre comme
s'il les ignorait lui-même.

Ni son nom, un nom illustre, ni sa fortune, ni
ses talents, tout cela n'était rien pour lui. Loin
de penser à l'avenir que toutes ces choses pouvaient
lui réserver, il avait songé chaque jour, et il songeait
plus que jamais aujourd'hui aux avantages célestes
que ses vertus seules pouvaient lui procurer.

Aussi, ne vient-il pas seulement étudier en
théologie ; il vient à Saint-Sulpice apprendre à

consommer en lui, de plus en plus, le sacrifice de la vie présente, au profit de ses aspirations vers la vie future, et des vertus qui nous en rendent digne ?

Oui, il est là maintenant pour l'immolation complète de tout ce qu'il y a en nous de la nature d'Adam, afin de pouvoir dire avec l'Apôtre : *Vivo, jam non ego, vivit vero in me Christus !* Je vis, mais ce n'est plus moi qui vit, c'est Jésus-Christ qui vit en moi !

Il est là, en un mot, pour être prêtre par les vertus inhérentes à ce caractère divin, avant d'être prêtre par le fait d'une ordination qui le fait trembler de loin, à cause des imperfections qu'il trouve encore en lui-même.

C'est avec ces dispositions et les leçons et les exemples de chaque jour, que le jeune sulpicien est à l'œuvre.

Ne soyez pas surpris que ses succès et ses vertus ne le placent pas seulement parmi les meilleurs élèves, mais ne le distinguent encore des meilleurs.

Il a beau vouloir s'effacer, il n'y a que deux

ans qu'il est à Saint-Sulpice, et il va devenir l'objet d'une distinction toute particulière.

Mgr de Frayssinous, alors ministre des cultes et dévoué à la congrégation dont il avait été l'élève, appréciant les vertus et les talents de M. de Margon, l'envoya dans la Vendée, à Luçon, en qualité de professeur de philosophie et de théologie. Il n'avait que 19 ans, à cette époque où les faveurs d'un ministre et d'un prince de l'Église venaient faire violence à sa modestie ; car il essaya, mais en vain, de se soustraire à la décision administrative.

Il était là, à Luçon, depuis environ deux années, à la hauteur de ses fonctions, et justifiant parfaitement la confiance dont il avait été l'objet, lorsqu'il dut quitter cette place pour se rendre à Montpellier, en qualité de professeur de philosophie au grand séminaire diocésain.

La réputation qu'il s'était déjà acquise à son insu, car il devenait de plus en plus humble chaque jour, était allée bientôt jusqu'aux oreilles de son évêque, Mgr Fournier, qui ne voulut pas que son diocèse fût plus longtemps privé d'un sujet qui lui appartenait, et dont il avait entendu parler avec les plus grands avantages; il l'appela donc auprès de lui, comme c'était son droit.

Le jeune professeur accupa sa nouvelle chaire de philosophie d'une manière également digne de lui et de la confiance de son évêque, jusqu'à l'époque de son ordination, qui eut lieu en 1825. Il avait alors 23 ans.

Il n'est pas douteux qu'il ne fût permis aux amis de M. de Margon, et surtout à sa famille, de voir peut-être un évêque futur dans le jeune prêtre qui avait déjà le pied dans la voie des postes d'honneur, et qui se distinguait à la fois par ses talents et ses vertus.

Mais le jeune prêtre était loin de ces vues. Voilà pourquoi il se démit de ses fonctions de professeur, qui auraient pu le signaler à l'attention des supérieurs ecclésiastiques, et pria son père de vouloir bien consentir à son départ pour les missions étrangères.

Son père n'ayant pas voulu consentir, il n'en persévéra pas moins à fuir tout ce qui aurait pu le mettre en évidence.

C'est alors qu'il devint aumônier d'un petit collége, heureux de se trouver parmi les petits enfants, car il aimait particulièrement cet âge, étant lui-même simple comme un enfant.

Fidèle imitateur du Christ, il était heureux sans doute de ressembler en tout à son modèle, et jusqu'à ses sympathies toutes spéciales pour l'âge de l'innocence.

Qui ne sait ces belles paroles du Maître, lorsqu'un jour ses disciples voulaient empêcher une foule d'enfants de le suivre : *Laissez venir à moi les petits enfants. En vérité, je vous le dis, si vous ne devenez comme ceux qui me suivent de la sorte, humbles et simples comme eux, vous n'entrerez point dans le royaume de mon père, car le ciel leur appartient et à quiconque leur ressemble.*

Une autre fois, voulant donner une haute idée de l'enfance : *Plutôt*, dit-il à la foule qui l'environnait, *que de scandaliser le plus petit de ces enfants qui s'agitent, heureux et purs, dans le sentier, il vous serait plus avantageux d'attacher à votre cou une meule de moulin et de vous jeter dans le fond de la mer.*

Voilà pourquoi l'abbé de Margon, dont l'âme était à la fois si pure et si naïve, se plaisait avec les enfants purs et naïfs comme lui, sachant d'ailleurs par son évangile quel cas le divin Maître faisait de l'âge tendre, aux jours de son passage au monde parmi les hommes.

Quelque heureux néanmoins qu'il pût être à cette place, qui le mettait en contact journalier avec ceux qu'il aimait, et dont il était aimé, la société des enfants du collége cessa de lui suffire. Il se crut de nouveau appelé aux missions d'outre-mer.

Mais parce qu'il n'osait plus en parler à son père, depuis son refus, trop préremptoire, il tomba dans un état de langueur qui lui rendit bientôt impossible l'exercice même de sa petite aumônerie.

Obligé de rentrer au château pour y recevoir les soins que nécessitait sa santé compromise par une peine intérieure plutôt que par la maladie nerveuse qui l'affligeait, il ne guérissait point, et ne cessait de paraître en proie à une préoccupation profonde.

Cette préoccupation, à laquelle il n'était pas habitué et à laquelle il n'avait pas habitué sa famille, engagea le père à lui en demander la cause.

L'abbé exposa alors combien le sentiment de sa vocation pour les missions étrangères était invincible en lui, qu'il pensait désobéir à Dieu en restant soumis à son père, et que sa guérison ne venait point parce que la cause de sa maladie était dans sa conscience.

Frappé de cet aveu, et craignant lui-même d'aller au contre d'une volonté suprême, M. de Margon promit à son fils son consentement, et le malade fut en effet rétabli bientôt.

C'est ainsi que Saint-François devint, lui aussi, dangereusement malade dans sa jeunesse, à suite d'un scrupule de conscience, ou simplement pour une idée qui le faisait croire à sa damnation éternelle.

A peine rétabli et en état de voyager, M. de

Margon se prépare à son départ pour le séminaire des missions lointaines, à Paris.

Il était digne sans doute d'une telle vocation, celui-ci qui, dès sa plus tendre enfance, avait formé son esprit et son cœur à la science et à la piété ; celui qui avait réduit chaque jour son corps en servitude, à la manière des plus grands Saints, en attendant d'aller le jeter en sacrifice au salut des âmes.....

Un nom illustre et des mérites personnels incontestables qui lui permettaient de tout attendre de l'avenir, tout n'est rien pour lui. Donnez-lui le monde, il vous demandera des âmes à sauver, jusqu'aux extrémités de la terre, car il n'y a de beau, pour sa foi de chrétien et de prêtre, que les pieds de ces hommes qui s'en vont au-delà des montagnes, une croix de bois à la main, porter la nouvelle du salut et faire luire la lumière dans les ténèbres.

Il est vrai que le zèle apostolique n'a pas l'approbation de tout le monde, et que tous n'ont pas, comme Fénélon, le regret de ne pas brûler de ce feu sacré qui transporte chaque année des milliers d'apôtres au delà des mers.

Combien même n'ont que des critiques amères contre le zèle apostolique !

Insensés, qui ne savent pas, ou qui font semblant d'ignorer, que le monde entier et l'Europe d'abord lui doivent leur civilisation !

A peine l'Église de Jésus-Christ est-elle affermie que la sollicitude du salut universel transporte les souverains pontifes,

Dès les premiers siècles, la Norique, les Espagnes, l'Irlande et l'Écosse sont évangélisées et sortent des ténèbres de l'idolâtrie.

Et de siècle en siècle, jusqu'à ce que le monde connu a entendu la voix des envoyés de Rome, le zèle apostolique n'a cessé de s'ouvrir un passage pour planter une Croix, le signe de la Rédemption, partout où il y avait des âmes à sauver dans notre Europe.

Mais lorsque l'univers s'agrandit par les mémorables entreprises des navigateurs modernes, les missionnaires ne s'élancèrent-ils pas à la suite des hardis navigateurs ? N'allèrent-ils pas chercher le martyre comme l'avare allait chercher l'or et les diamants? Leurs mains secourables n'étaient-elles pas constamment étendues pour guérir les maux enfantés par nos vices, et rendre moins odieux à ces peuples lointains ceux qui étaient allés les pressurer ?

Que n'a pas fait Saint François Xavier, l'apôtre des Indes ?

Tout a été dit sur les missions du Paraguay, des Indes et de la Chine ; il serait superflu de revenir sur des sujets aussi connus.

Frappé des succès prodigieux de nos missions catholiques, le grand Leybnitz enviait pour les missionnaires de la Grande-Bretagne l'élan et la vertu des missionnaires romains, et en particulier de ces jésuites , devant lesquels la Chine s'était ouverte.

Au reste il ne manque pas de noms illustres qui ont approuvé ou même protégé la propagation de la foi chrétienne.

Bacon disait des rois qu'ils étaient véritablement inexcusables de ne point procurer, à la faveur de leurs armes et de leurs richesses , la propagation de cette foi éminemment civilisatrice.

Voltaire lui-même ne critiquait que les divisions qui existent dans le principe des missionnaires anglicans, ce principe leur permettant d'enseigner chacun selon ses pensées, de sorte que, flottant à tous vents de doctrine, ils sèment des haines et des discordes au lieu de la paix et de la charité qu'ils se proposent.

L'Église romaine, au contraire, n'a qu'une manière d'enseigner et d'éclairer les peuples, quelles que soient les distances, jusqu'au bout du monde, qui séparent ses envoyés. De là, sa force et les résultats qu'elle a toujours obtenus, savoir : l'agrandissement du royaume de Jésus-Christ, et la civilisation qu'enfante partout sur ses pas la liberté des enfants de Dieu.

Honneur et reconnaissance à l'Église de Rome, qui ne cesse de prodiguer chaque année des hommes d'élite, pour arriver à ses fins, en dépit de tous les obstacles, savoir : la rédemption et la civilisation du monde commencées sur les sommets du Golgotha, il y a dix-huit siècles, et continuées par elle jusqu'à la fin des temps !

Telle est la tâche à laquelle M. de Margon veut prendre part.

Revenant à lui, nous le trouvons tout prêt à s'éloigner de la maison paternelle. La population de Margon tout entière s'unit aux regrets de la famille du voyageur, et l'accompagne même, comme un seul homme, pendant cinq ou six kilomètres de chemin, jusqu'au lieu où il doit prendre une voiture pour se rendre à Montpellier, où il prendra la route de Paris.

Nous étions en 1830, à l'époque de la révolution qui commença par n'être pas trop propice au clergé. Voilà pourquoi on avait fait consentir, non sans peine, M. de Margon à prendre pour le voyage un costume laïque.

Il avait d'abord obéi à son père, mais, peu inquiet de ce que pourraient dire ou faire les hommes contre lui, il vendit ses habits laïques à Montpellier et reprit son costume de prêtre.

On assure qu'il donna presque tout l'argent qu'il possédait aux pauvres, avec tout ce qu'il avait d'ailleurs pour son voyage, et qu'il partit à pied pour la capitale.

Sans doute, si les îles lointaines avaient pu voir venir ce nouvel apôtre, elles se seraient levées pour aller à sa rencontre et lui rendre le sentier léger.

Mais il resta seul dans son chemin, en proie à mille fatigues, à mille privations. On dit même qu'il fut maltraité et reçut des coups de pierre, du côté de Mâcon, de la part de quelques voyageurs exaltés par les idées nouvelles.

Il arriva donc à Paris, à peu près comme le pigeon de Lafontaine rentrant dans son colombier, plutôt mort qu'en vie, avec cette différence que le voyageur ailé avait souffert, pour ainsi dire, en enfant gâté, tandis que le saint prêtre était heureux d'avoir souffert de la sorte, à l'exemple de Celui qui s'est sacrifié pour nous jusqu'à la mort de la croix.

N'avait-il pas aussi en vue de se préparer à sa vie nouvelle au milieu des peuplades sauvages, et à travers souvent des sentiers éternels, où il ne trouverait aucune des commodités de la vie ?

Mais les desseins de Dieu sont impénétrables ! Ce qui aurait dû rendre, sans doute, M. de Margon mille fois digne d'être admis à l'apostolat, objet de tous ses vœux, c'est cela même, c'est-à-dire son voyage de héros et de martyr, qui le fit échouer. Se présentant, en effet, exténué, tout maladif, en quelque sorte, des suites de sa longue et pénible pérégrination, il ne parut pas fait pour la fatigue des longues traversées et des pénibles travaux qui incombent aux pauvres missionnaires de l'étranger.

Si on avait pu lire dans son âme, on aurait compris qu'il pouvait marcher à la tête des géants, car, malgré des pénitences excessives, il supportera toute sa vie la fatigue des veilles, des longues courses, en même temps que la rigueur des frimats.

On prétend aussi que M. de Margon, le père, avait écrit secrètement au supérieur des missions, pour lui exposer que son fils n'avait pas, en effet, une bonne santé; que, d'ailleurs, s'il avait la simplicité de la colombe, il manquait, autant qu'un enfant, jeune encore, de la prudence du serpent, prudence indispensable à ceux qui entrent dans la carrière des missions d'outre-mer, et qu'en conséquence il le suppliait de ne pas l'admettre.

Cette lettre trouva le supérieur d'autant plus

docile, que le pauvre abbé se présentait réellement sous des apparences peu faites pour se faire agréer.

Vous allez croire qu'après cet échec, il va écrire à son père, riche et heureux, de lui envoyer de l'argent pour rentrer à Margon. Non certes. Comme il partait pour les missions étrangères dans le but de consommer son sacrifice, tant pour les biens et les honneurs de ce monde que pour les affections même de famille, il veut poursuivre son but.

On dit du papillon qu'il tourne autour de la lumière, qu'il n'aura du repos qu'après avoir brûlé ses ailes.....

On pourrait dire de M. de Margon qu'il n'aura de paix, lui-même, qu'après s'être consumé à l'aimant de la Croix qui l'attire, comme la lumière attire le papillon, et que sa mort sera complète dans le Christ.

Il va la compléter.

Parti à pied de Paris pour Lyon, il va frapper au seuil des frères religieux de St-Jean. Et demande à être frère pour entrer au service des aliénés.

Admis en cette qualité, il donna ses soins les plus affectueux aux infortunés retenus dans l'établissement. Combien il était heureux de n'être rien, rien qu'un serviteur inutile, après ses dévouements les plus sublimes !

Il y avait déjà plusieurs années qu'il goûtait ainsi la paix la plus profonde dans son sublime néant, lorsque, vivement en sollicitude à son sujet, et n'ayant pas trouvé sans peine le gîte du saint abbé, devenu frère de St-Jean, son père lui écrivit, le pressant de rentrer au château. Plus tard, comme son fils ne pouvait consentir à son retour, il s'adjoignit les prêtres recommandables de la contrée et les amis de la famille pour l'engager à ne pas prolonger plus longtemps son absence.

Rien n'y faisait. Semblable aux papes d'Avignon qui, ayant peur de ne pas trouver à Rome la paix qu'ils possédaient dans le palais du Rhône, résistaient aux Romains, les appelant par la voix de Pétrarque, le frère religieux de St-Jean, l'abbé de Margon, heureux dans sa retraite, résistait, lui aussi, à toutes les instances de sa famille. Ce n'est point qu'il ne fût le plus soumis des enfants à la volonté paternelle, mais c'est qu'il voulait rester dans l'état de mort qu'il s'était fait et où il avait trouvé le bonheur, tandis qu'il avait peur de revivre en rentrant dans le monde et de perdre peut-être la paix qu'il avait achetée à grand prix.

Il finit néanmoins par se rendre, lorsque ses supérieurs, auxquels la famille et les amis ne manquèrent pas de s'adresser, lui représentèrent sérieusement qu'il devait obéir à son père.

Il avait tellement peur de rentrer dans la vie extérieure qu'il mit deux conditions à son retour : la première, qu'il resterait libre de mener tel genre de vie qu'il lui plairait, et la seconde, qu'on ferait immédiatement restaurer la chapelle du château, qui était impropre au service religieux.

Lorsqu'on eut aquiescé sans peine à tous ses vœux, il partit enfin pour Margon, où nous avons à considérer ses démarches.

Arrivé chez lui avec le costume de frère, il l'eût gardé désormais, sans doute, parce qu'il était plus humble que l'habit du prêtre ; mais, d'après des instances motivées, il finit par reprendre l'habit clérical.

Libre dans son genre de vie, il se fit une règle de ne dormir qu'environ trois heures sur vingt-quatre, consacrant presque tout le reste du temps à la méditation, à la prière et à de bonnes et pieuses lectures.

Il mangeait seul et se nourrissait des mets dont on ne voulait plus à la seconde table. Il usait de viande, mais en petite quantité ; et sa mortification était si grande qu'il s'était fait une loi de ne jamais boire du vin.

Il assistait néanmoins quelquefois aux grands dîners de famille, mais réservant sa place au milieu des enfants de sa sœur et de son frère, voulant être considéré comme un enfant lui-même, et le moindre de tous, s'il ne pouvait pas absolument compter pour rien.

Du reste, c'est avec les enfants de la maison ou même du village qu'il prenait ses récréations.

Il causait et jouait avec eux comme s'il eût été de leur âge. Il était heureux aussi de leur faire toujours quelque petit présent, et il employait même bien des petits sous pour eux, afin de vivre de leur joie, dans laquelle il voyait, sans doute, un rayon des joies célestes.

Comme on lui avait donné une chambre convenable, bien meublée et bien fournie de linge, il trouva que c'était trop pour lui, et, après qu'il eut donné tout le linge aux pauvres, il réclama et obtint les meubles les plus pauvres qu'on put trouver.

Du reste, il ne couchait que rarement même dans le mauvais lit qu'il avait exigé à la place du premier.

La chronique rapporte qu'il couchait plus souvent, soit au grenier, soit à la grange, que dans sa chambre ; mais toujours entièrement vêtu.

Malgré cette vie étrange, son caractère, loin d'être morose, était, au contraire, plein de douceur et même de [gaîté.

On disait de lui : c'est un enfant naïf et tendre.

La pureté de son âme était peinte sur son visage.

La pureté ! il est inutile, sans doute, de dire ici que jamais personne n'a pu douter de sa vertu, pas même concevoir un soupçon sur la virginité de sa pensée.

Oh ! il possédait au suprême degré le plus

beau fleuron de la couronne sacerdotale, l'apanage exclusif du clergé catholique, la chasteté !

S'il était gai, d'une gaîté céleste avec les hommes et surtout avec les enfants, on ne l'a jamais vu rire avec une femme.

Et ce n'est pas qu'il eût un cœur de pierre ; mais c'est qu'il avait la foi qui donne une force à transporter les montagnes et à réduire en servitude toutes les révoltes d'une chair corrompue.

Il avait déjà passé quelque temps au château d'une vie toute de solitude et toute pour lui, en quelque sorte, lorsque quelques-uns des prêtres du voisinage de Margon lui demandèrent pour leur paroisse respective les soins de sa charité. Il fut heureux de leur être utile, et on fut heureux partout de son dévouement, surtout de ses prédications, qui étaient trouvées sublimes par tout le monde.

On s'empressait même à ses sermons, lorsqu'on savait qu'il devait prendre la parole. L'humilité, qui pouvait, ce semble, l'empêcher d'être éloquent, lui prêtait, au contraire, la véritable éloquence, celle du cœur et de la foi, et ses auditeurs, plus encore les savants que les ignorants (quoique tout le monde le comprît), étaient ravis.

Nous devons dire qu'il donnait toujours gratis les soins de son ministère ; seulement, il demandait volontiers au prêtre qu'il obligeait, la permission de faire une quête dans l'église, après le sermon.

Il était très-heureux s'il obtenait cette faveur, parce qu'il avait ainsi quelques ressources pour les pauvres et pour les enfants qui servaient dans l'église.

Il avait, il est vrai, des ressources particulières, consistant en une pension que lui faisait sa famille. Mais cette pension qu'on ne lui donnait que par petites parties, afin qu'il ne la donnât point tout entière à la fois, disparaissait à mesure qu'il la touchait, et alors qu'il n'avait plus rien à donner, il était heureux de toucher quelque argent pour le donner encore à ses amis, les enfants et les pauvres.

S'il ne recherchait pas la société des hommes, pas même des prêtres, il aimait toutefois à se rendre aux cérémonies religieuses qui réunissent, de temps à autre, les ecclésiastiques des différentes paroisses.

Mais alors on le voyait servir la messe à ses confrères, puis porter la croix ou tenir l'encensoir aux processions qui ont lieu dans ces circonstances, et il était heureux, mille fois heureux, de remplir des fonctions que nul peut-être ne lui enviait que les anges du Ciel.

Mais qui dira ses pénibles courses à travers les montagnes pour faire le service des différentes paroisses qui lui furent momentanément confiées !

En dépit de douleurs rhumatismales et goutteuses qui en auraient tenu bien d'autres cloués au repos, en dépit de la rigueur des hivers de la montagne, et souvent très-légèrement couvert parce qu'il avait donné son confortable aux pauvres, le long de son chemin, on le voyait passer allant, à pied toujours, aux divers services de son ministère.

Une des paroisses qu'il desservait provisoirement, comme toutes celles qu'il a servies sans titre et partant sans rétribution, n'ayant pas de presbytère, il couchait chez une pauvre vieille femme, sur un mauvais grabat, et il partageait avec elle le plus triste des repas.

On raconte que pour des visites de malades dans les montagnes, il a fait par des temps impossibles et malgré ses infirmités, des courses dont l'homme le plus robuste n'eût pas été capable.

Les pieds de l'apôtre d'au delà des océans ne furent jamais plus beaux que les siens, lorsqu'il fallait sauver ou consoler une âme !

Nous devons dire, à regret toutefois, que M. l'abbé de Margon ne fut pas toujours compris par ses confrères. Sa tenue ne semblait pas assez digne du prêtre, disaient certains, et puis il était trop enfant avec les enfants.

C'est ainsi qu'une fois entr'autres ayant échangé un pantalon tout neuf contre celui d'un pauvre, qui était sans valeur et sali par la boue, il paraissait, en effet, n'avoir pas une mise décente ; ce pantalon pouvait être beau et l'était, en effet, aux yeux de la foi ; mais, comme tout le monde ne voit pas avec les mêmes yeux du croyant, certains le trouvaient, au contraire, ridicule.

C'est dans des circonstances analogues que, se présentant parfois dans certaines paroisses où il aurait voulu dire la messe, la permission lui était refusée.

Il s'en allait plus loin sans se plaindre jusqu'à

ce qu'il fût plus heureux auprès d'autres confrères, ou bien il se contentait de servir la messe, s'il ne l'avait pas déjà dite, à celui qui lui avait refusé l'autel pour le sacrifice.

Sans doute, dirons-nous, il faut à l'autel la décence extérieure, il n'y a même que celle-là qui soit absolument nécessaire devant les hommes; mais pour celui qui embrasse la sainte folie de la Croix que lui importent les hommes? Sait-il seulement qu'il y a des hommes là où il ne voit que Dieu, et s'inquiète-t-il bien de ce qu'on pourra dire ou penser de son extérieur, lorsqu'il sait bien que Dieu ne s'occupe que de l'intérieur?

Et si un homme de peu de foi manquait aux soins du dehors comme il manque à ceux du dedans, ce serait blâmable; mais si nous nous mettons au point de vue de la sainteté, il peut se faire qu'un saint ne sache monter à l'autel que comme le Christ à son Calvaire, en portant la Croix et tout couvert, comme lui, de je ne sais quel manteau dont les hommes pouvaient bien rire, mais que le ciel contemplait respectueux.

Ce n'est pas que M. l'abbé de Margon n'eût

l'estime et le respect de ses confrères en général ;
mais tel voyait ses démarches d'une façon, tel·les
voyait d'une autre, et quelques-uns allèrent trop
loin, sans doute, puisqu'ils allèrent jusqu'à demander
à l'évêque de Montpellier son interdiction.

Quel crime avait-il commis? le crime de l'inno-
cent et du juste. Il était trop simple dans ses voies,
sa simplicité le faisait trop ressembler à un enfant,
on aurait pu dire au grand modèle dont il était
épris jusqu'à cette folie qui est la condamnation de
toutes nos vanités, de tous nos égoïsmes, de toutes
nos prudences, pour ne pas dire de nos artifices,
et qui s'appelle la sagesse parce que c'est la folie
de la Croix, c'est-à-dire de l'humilité, de l'abnégation et de la simplicité des enfants de Dieu.

Quoi qu'il en soit, mandé par son évêque, Monseigneur Thibault, et mis en présence de plusieurs
ecclésiastiques dont certains avaient pris part à la
dénonce, il fut interrogé sur un cas de conscience,
à ce qu'il paraît fort difficile, puisque nul des con-
férenciers, c'était un jour de conférence, n'avait su
le résoudre.

Le vieux et saint enfant, M. l'abbé de Margon,

faisant trève un instant d'extrême modestie, résolut le cas sans hésiter.

Eh bien, Messieurs, dit alors Monseigneur, voilà le prêtre que vous m'avez dénoncé !

Il va sans dire que le saint prêtre ne fût pas interdit. C'eût été pour lui, sans doute, une peine mortelle, car tout son bonheur était à l'autel, au sacrifice de la messe ; c'est pour cela qu'il n'avait pas hésité à répondre, afin de se soustraire au plus grand des malheurs qui eût pu le frapper, car il n'a cessé de monter à l'autel qu'avec l'agonie et la mort, comme nous allons bientôt le voir. Nous pourrions, il est vrai, ne pas arriver encore à la fin d'une carrière toute remplie de faits dignes d'être connus, pour l'édification des fidèles, mais les bornes que nous nous sommes prescrites, vu le projet d'une édition nouvelle, consacrée à tous les détails que comporte la vie d'un des plus grands saints de notre époque, nous prescrit aussi la fin de notre faible essai.

M. l'abbé de Margon avait 64 ans. Ses travaux et ses pénitences, qui étonnent dans un corps des plus dépourvus de forces physiques apparentes, avaient fini par le courber et aussi par développer ses douleurs en développant ses infirmités.

Lui qui jusqu'alors était allé par monts et par vaux, toujours à pied, on venait de le voir une première fois prendre le chemin de fer pour se rendre à une petite église abandonnée, où il disait la messe le dimanche, afin de ne pas laisser sans prières les habitants de la contrée, privés du service religieux.

Ceux qui le virent ainsi ne plus aller à pied se mirent à penser déjà que le saint prêtre devait approcher de sa fin, et dans tous les cas être bien souffrant, puisqu'il dérogeait ainsi à ses habitudes, tant aimées, de suivre pédestrement les sentiers de la montagne et de la vallée.

Mais, oh ! admirable et sublime préoccupation des saints, qui ne [voient que le Ciel, et, en attendant le Ciel, la Providence !

Le saint prêtre se mettait en voyage, court voyage, sans doute (cinq ou six kilomètres), sans un sou. N'importe, les autres paient et lui fait sa route pour rien. Parce qu'on savait qu'il donnait tout aux pauvres, les riches ne lui demandèrent rien. Bien plus, et parce qu'il put continuer pendant quelque temps encore, malgré d'horribles souffrances, le service de cette église privée de pasteur, il continua de se servir de la voie ferrée, sans songer seulement qu'il dût payer autrement que de ses dévouements personnels, pensant peut-être, le saint enfant, que les autres faisaient, comme lui, le service gratis, et que l'argent n'était et ne pouvait être rien pour l'homme qui a le Ciel à gagner !

Mais, à cause que sa naïve et sublime sainteté était connue, non moins que le nom de sa famille, il n'eut jamais à payer sa route, n'importe à quelle place le hasard le fît se rencontrer, tant qu'il put vaincre ses douleurs pour se rendre à Fozières.

Un jour, et bientôt, comme il ne reparaissait plus, on racontait que ses douleurs rhumatismales et goutteuses étaient devenues si intenses, après la messe d'un dimanche, qu'il avait été forcé de céder à ses douleurs et s'était retiré à grand'peine, chez sa sœur, Mme la comtesse de Beaumevielle, à Gourgas, à environ cinq kilomètres de Fozières.

Accueilli avec la plus vive affection, il reçut aussi,

malgré lui, les soins les plus tendres et les plus dévoués.

Après un mois environ de séjour à Gourgas, l'enflure de ses pieds passa dans les mains, qui se gonflèrent considérablement, mais sans que le patient, dont la souffrance était des plus vives, poussât une plainte et cessât de prier.

Habitué à maîtriser son corps et à le réduire en servitude, non pas comme un enfant, mais comme un héros, il dominait encore la douleur, après avoir fait toutes ses passions esclaves.

Mais, comme le lieu de Gourgas, avec son climat humide des montagnes, était essentiellement contraire à l'état douloureux du saint abbé, sa sœur le fit porter dans sa voiture chez son frère, au château de Margon, où elle l'accompagna elle-même.

Les médecins avaient jugé ce changement indispensable.

D'ailleurs, les mêmes soins empressés et amis qu'il avait reçus à Gourgas l'attendaient à Margon.

Il est vrai qu'il était peu soucieux des soins empressés de sa famille, car il ne voulut pas même, chez son frère, un lit tant soit peu commode. On fut obligé d'abord de lui donner un petit lit de sangles, tout simplement muni d'une paillasse.

Il ne fallut rien moins que l'intervention du confesseur et du médecin, qui le rappelèrent à la vertu d'obéissance, et le firent consentir à accepter un lit comme tout le monde.

Quant aux soins que réclamait son état de souffrance, il en supportait à peine ; car il s'était tellement habitué à maltraiter son corps et à se passer de tout, qu'il n'avait, on pourrait dire, jamais besoin de personne, ou que, malgré ses infirmités, il suffisait à tout.

Du reste, si quelque membre de sa famille ou quelque domestique avait quelque soin pour lui, il se montrait infiniment sensible et reconnaissant, jusqu'à éprouver même de la peine des sollicitudes qu'on avait pour sa santé.

Il avait une autre sollicitude bien vive sur son lit de douleur ; c'était de ne pouvoir monter à l'autel, où il avait toujours trouvé tant de force et de consolation dans ses voies.

Aussi, comme il put un jour se lever et essayer quelques pas dans sa chambre, il crut bientôt, qu'avec l'aide de Dieu et de sa volonté, tout espoir de redire la messe avant de mourir n'était pas perdu.

Il pria, pour le seconder dans ses plus chères espérances, le vénérable curé de Margon, auquel il avait si souvent servi lui-même la messe, de vouloir bien assister à la sienne, de crainte qu'il ne survînt quelque chose de fâcheux.

Mais, chose étonnante! une fois à l'autel, il put se mouvoir et se servir de ses mains perclues avec autant d'aisance qu'avant la maladie.

Il put dire encore la messe le jour de Pâques, puis le dimanche du Bon Pasteur, et il ne célébra plus les saints mystères.

Il était juste que le saint abbé de Margon, qui n'avait vécu que pour son salut et le salut des âmes, finît le cours de ses fonctions à l'autel, le jour du Bon Pasteur, car il avait été prêt chaque jour à donner sa vie pour le salut de ses frères; heureux s'il avait été jugé digne d'être agréé en sacrifice pour la moindre des brebis du grand bercail de la foi chrétienne!

Nul n'eût pu le croire capable de se tenir seulement debout, en le voyant en proie comme à une paralysie complète de ses membres....

A l'autél, il reprenait toutes ses forces ; mais à peine on lui avait ôté les vêtements sacerdotaux, qu'il tombait épuisé sur son fauteuil ; et seulement encore, dans son anéantissement, il paraissait heureux et ravi de la grâce dont abondait son âme.

Huit jours après sa dernière messe, qu'il avait voulu dire malgré la défense du médecin et de sa famille, il devait rendre son âme à Dieu. Durant les jours mêmes qui précédèrent sa mort, jours presque de constante agonie, parce que l'inflammation goutteuse des extrémités s'était portée tout entière à l'intérieur, il ne cessa d'être en oraison ; on le voyait très-souvent baiser la croix de l'ordre de Saint-François qu'il portait toujours suspendue à son cou. Il se plaignait, mais seulement de ne pouvoir réciter convenablement son bréviaire, qu'il savait par cœur. Et comme on lui objectait que dans sa position il en était dispensé, il répondait : Je ne puis être d'aucun secours pour personne, que dois-je faire, sinon de prier ?

Comme il avait une grande dévotion pour sain

Fulcran, ancien évêque de Lodève, et qu'il se recommandait encore à ce saint dans ses derniers moments, il dit, peu de temps avant sa fin, aux personnes qui l'entouraient : J'ai pu dormir un peu ce matin, et, dans mon sommeil, j'ai fait une visite infiniment agréable. J'ai vu saint Fulcran dans une chambre comme celle-ci, couché dans un lit semblable au mien, et qui, bien que souffrant de douleurs atroces, paraissait heureux et content. Il a jeté sur moi un regard plein de tendresse, accompagné d'un sourire céleste, et m'a dit des choses si belles, si admirables, qu'il me semble le voir et l'entendre encore.

Ce songe, dirons-nous, n'est-il qu'un mensonge, et non point une réalité? Le saint évêque de Lodève ne venait-il pas adoucir les moments suprêmes de celui qui avait professé un culte particulier pour ses vertus, et n'était-il pas venu là comme l'ange protecteur et ami qui allait accompagner un saint de plus dans le ciel?

Partez, disait, en effet, à cette heure, au saint abbé de Margon, le vénérable pasteur du village, en lui donnant l'Extrême-Onction ! Partez, âme chré-

tienne et sacerdotale, montez aux demeures éter-
nelles qui furent seules l'objet de votre ambition,
et auxquelles vous avez tout sacrifié, biens, plaisirs,
honneurs de la vie, et votre famille même, et votre
patrie, car il n'a pas dépendu de vous d'aller mourir
sur la terre étrangère ; tout enfin, jusqu'à votre
nom que vous aviez échangé contre le nom de
frère et, qu'à votre grand regret, vous n'avez pu
porter jusqu'à la fin !

Il partait pour aller recevoir le prix de ses vertus
sublimes. Mais, ô prodige d'humilité chrétienne ! il
partait murmurant des paroles de regret d'avoir été
trop imparfait dans ses souffrances, et demandant
pardon à sa famille et aux domestiques de tout ce
qu'il avait pu causer de peine aux uns et aux autres,
au sein de ses douleurs....

Il était arrivé à ce degré de perfection, qu'il
sentait même avoir besoin de grâce pour les sollicitudes les plus indispensables auxquelles seules
il avait pu consentir pendant une longue et cruelle
maladie.

Après cet acte qui fit verser d'abondantes larmes
à tous les assistants, M. l'abbé comte Lemoine,

baron de Margon, mourait, comme il avait vécu, en saint, et en prononçant les noms sacrés qu'il avait tant aimés pendant sa vie : Jésus, Marie, Joseph !

Le plus petit, le plus humble, celui que certains même méprisaient pendant sa vie, venait à peine de mourir, qu'il était déjà le plus grand, le plus honoré, le plus exalté.

A la première nouvelle de cette mort, en effet, tout le peuple, dans le village et dans les localités voisines, s'émut à la fois, et ce ne fut qu'un cri sorti de toutes les bouches : Le Saint est mort !

On accourut de toutes parts au château, où la chambre du défunt, tous les appartements et les cours furent envahis.

Chacun voulait voir le Saint, le toucher et avoir une relique, en mémoire de lui. Le peu de vêtements qui lui restaient, une vieille soutane et un vieux manteau furent distribués, par petits morceaux, à la foule, et, parce que c'était bien insuffisant pour tant de monde, à l'heure où le corps du saint abbé fut revêtu de ses habits sacerdotaux, il fut nécessaire de faire une garde attentive, afin qu'il n'en fût pas dépouillé.

Le jour de la cérémonie funèbre, qui se fit en grande pompe avec le concours de plusieurs ecclésiastiques, il y eut une foule innombrable, venue non-seulement des localités voisines, mais encore des localités éloignées. Les pauvres pleuraient, les enfants qui l'avaient connu et avaient joué avec lui, oubliant la joie de leur âge, étaient remplis de tristesse.

Toute cette foule, du reste, suivait le deuil d'un air contrit et invoquait déjà le Saint qui venait de monter au ciel après une vie d'ange dans un corps mortel.

Pour nous, nous ne saurions croire que la tombe du saint abbé de Margon soit oubliée d'en Haut; nous pensons, au contraire, que cette tombe aura le don des miracles, et nous voyons dans l'avenir un autel et un culte réservés au plus humble et partant au plus digne des serviteurs de Dieu et des imitateurs de Jésus-Christ.

FIN.

LITANIES

DE

S. FULCRAN

ÉVÊQUE DE LODÈVE

KYRIE, eleison.

Christe, eleison.

Kyrie, eleison.

Christe, audi nos.
Christe, exaudi nos.
Pater de cœlis, Deus, mi-
 sere nobis.

Fili, Redemptor mundi,
 Deus , miserere nobis.

Spiritus sancte, Deus ,
 miserere nobis.

SEIGNEUR, ayez pitié de
 nous.
Christ , ayez pitié de
 nous.
Seigneur, ayez pitié de
 nous.
Christ, écoutez-nous.
Christ, exaucez-nous.
Père céleste, qui êtes
 Dieu, ayez pitié de
 nous.
Fils , Rédempteur du
 monde, qui êtes Dieu,
 ayez pitié de nous.
Esprit saint, qui êtes Dieu,
 ayez pitié de nous.

Sainte Trinité, qui êtes un seul Dieu, ayez pitié de nous.

Sancta Trinitas, unus Deus, miserere nobis.

Sainte Marie, priez pour nous.

Sancta Maria, ora pro nobis.

S. Fulcran, qui êtes aimé de Dieu, priez pour n.

Sancte Fulcrane, Deo amabilis, ora pro n.

S. Fulcran, qui fûtes montré miraculeusement à votre mère, priez.

Sancte Fulcrane, matri divinitùs præmonstrate, ora.

S. Fulcran, qui, dès l'enfance, portâtes le joug du Seigneur, priez.

Sancte Fulcrane, ab infantià jugum Domini portans, ora.

S. Fulcran, qui fûtes rempli de grâces, priez.

Sancte Fulcrane, gratiis abundans, ora.

S. Fulcran, qui fûtes choisi plutôt de Dieu que des hommes pour le saint ministère, priez.

Sancte Fulcrane, à Domino in ministerium præelecte, ora.

S. Fulcran, dévot à la sainte Vierge, priez pour nous.

Sancte Fulcrane, devote Mariæ Virginis, ora pro nobis.

S. Fulcran, qui êtes le lis de la virginité, priez pour nous.

Sancte Fulcrane, lilium Virginitatis, ora pro nobis.

S. Fulcran, qui fûtes un bon pasteur, priez.

Sancte Fulcrane, bone Pastor, ora.

S. Fulcran, victime de charité, priez pour nous.

Sancte Fulcrane, caritatis victima, ora pro nobis.

Sancte Fulcrane, oppressorum solamen, ora pr.	S. Fulcran, asile des opprimés, priez pour n.
Sancte Fulcrane, errantium lumen, ora.	S. Fulcran, la lumière de ceux qui s'égarent, priez pour nous.
Sancte Fulcrane, pauperum pater, ora.	S. Fulcran, le père des pauvres, priez.
Sancte Fulcrane, mœrentium consolator, ora pro nobis.	S. Fulcran, le consolateur des affligés, priez pour nous.
Sancte Fulcrane, mysteriun Christi fidelis dispensator, ora pro nobis.	S. Fulcran, dispensateur fidèle des mystères du Christ, priez pour nous.
Sancte Fulcrane, verbi Dei præco eximie, ora pro nobis.	S. Fulcran, excellent prédicateur de la parole de Dieu, priez pour nous.
Sancte Fulcrane, veritatis assertor, ora pro nobis.	S. Fulcran, défenseur de la vérité, priez pour n.
Sancte Fulcrane, hæreticorum debellator, ora.	S. Fulcran, destructeur des hérétiques, priez.
Sancte Fulcrane, decoris domûs Dei zelator, ora pro nobis.	S. Fulcran, zélateur de la beauté de la maison de Dieu, priez pour nous.
Sancte Fulcrane, vineæ Domini cultor, indefesse, ora pro nobis.	S. Fulcran, cultivateur infatigable de la vigne du Seigneur, priez pour n.
Sancte Fulcrane, martyrrii cupidissime, ora pro nobis.	S. Fulcran, qui ne soupiriez qu'après le martyre, priez pour nous.

S. Fulcran, modèle de pénitence, priez. | Sancte Fulcrane, pænitentiæ exemplar, ora.

S. Fulcran, prodige d'humilité, priez. | Sancte Fulcrane, humilitatis prodigium, ora.

S. Fulcran, qui vous êtes fait tout à tous, priez. | Sancte Fulcrane, omnibus omnia facte, ora.

S. Fulcran, miroir des prêtres, priez. | Sancte Fulcrane, sacerdotum forma, ora.

S. Fulcran, la gloire des évêques, priez. | Sancte Fulcrane, pontificum decus, ora.

S. Fulcran, la perle de notre église, priez. | Sancte Fulcrane, ecclesiæ nostræ gemma, orà.

S. Fulcran, que Dieu a glorifié par des miracles avant et après la mort, priez pour nous. | Sancte Fulcrane, in vitâ et post mortem per signa mirificate, ora.

S. Fulcran, qui éclairez les aveugles, priez. | Sancte Fulcrane, cœcorum illuminator, ora.

S. Fulcran, qui rendez aux paralytiques l'usage de leurs membres, priez. | Sancte Fulcrane, artuum aridorum restitutor, ora.

S. Fulcran, qui commandez aux éléments, priez. | Sancte Fulcrane, elementorum dominator, ora.

S. Fulcran, par qui toutes sortes de malades obtiennent la santé, priez. | Sancte Fulcrane, in quâcumque infirmitate sa- salus, ora.

S. Fulcran, vainqueur des démons, priez. | Sancte Fulcrane, dæmonum triumphator, ora.

S. Fulcran, notre refuge | Sancte Fulcrane, in calamitate refugium, ora pro nobis.

Sancte Fulcrane, gentis Lodoveæ tutum prœsidium, ora pro nobis.

Sancte Fulcrane, Christi glóriæ cohæres, ora pro nobis.

Agnus Dei, qui tollis peccata mundi, parce nobis, Domine.

Agnus Dei, qui tollis peccata mundi, exaudi nos, Domine.

Agnus Dei, qui tollis peccata mundi, miserere nobis.

dans nos calamités, priez pour nous.

S. Fulcran, sauvegarde du peuple de Lodève, priez pour nous.

S. Fulcran, que Jésus-Christ a fait le cohéritier de sa gloire, priez.

Agneau de Dieu, qui ôtez les péchés du monde, pardonnez-nous, Seigneur.

Agneau de Dieu, qui ôtez les péchés du monde, exaucez-nous, Seigneur.

Agneau de Dieu, qui ôtez les péchés du monde, ayez pitié de nous.

ANTIPHONA.

O verè beatum fidelis sacerdotii dignitate devotissimè olim functum Fulcranum episcopum, cui juxta Apostolum vivere Christus fuit et mori lucrum : ipse nos continuis, Deo favente, à cunctis in-

ANTIENNE.

O bienheureux Fulcran, qui avez autrefois rempli si fidèlement et si pieusement les fonctions sacerdotales et épiscopales, dont Jésus-Christ, selon l'Apôtre, a été la vie, et pour qui la mort a été un gain, préservez-nous, par votre continuelle et puissante protection auprès de Dieu, de tout danger en tout temps et en tous lieux.

℣. Priez pour nous, bienheureux Fulcran.

℟. Afin que nous devenions dignes des promesses de Jésus-Christ.

commodis suis semper et ubique tueatur patrociniis.

℣. Ora pro nobis, beate Fulcrane.

℟. Ut digni efficiamur promissionibus Christi.

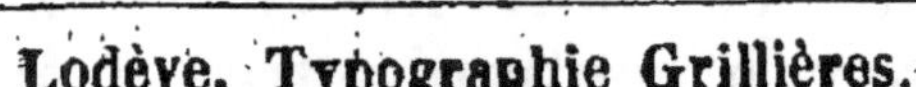

Lodève, Typographie Grillières.